TREN

DE ALEX SUMMERS

Rourke Educational Media
rourkeeducationalmedia.com

Actividades para antes y después de leer:

Enfoque de la enseñanza:

Conceptos de impresión: Pida a los estudiantes que busquen las letras mayúsculas y la puntuación en una frase. Pida a los estudiantes que expliquen cuál es el propósito de usarlas en una frase.

Antes de leer:

Construcción del vocabulario académico y conocimiento del trasfondo

Antes de leer un libro, es importante que prepare a su hijo o estudiante usando estrategias de prelectura. Esto les ayudará a desarrollar su vocabulario, aumentar su comprensión de lectura y hacer conexiones durante el seguimiento al plan de estudios.

1. Lea el título y mire la portada. *Haga predicciones acerca de lo que tratará este libro.*
2. Haga un «recorrido con imágenes», hablando de los dibujos/fotografías en el libro. Implante el vocabulario mientras hace el recorrido con las imágenes. Asegúrese de hablar de características del texto tales como los encabezados, el índice, el glosario, las palabras en negrita, los subtítulos, los gráficos/diagramas o el índice analítico.
3. Pida a los estudiantes que lean la primera página del texto con usted y luego haga que lean el texto restante.
4. Charla sobre la estrategia: úsela para ayudar a los estudiantes mientras leen.
   - Prepara tu boca
   - Mira la foto
   - Piensa: ¿tiene sentido?
   - Piensa: ¿se ve bien?
   - Piensa: ¿suena bien?
   - Desmenúzalo buscando una parte que conozcas
5. Léalo de nuevo.

Área de contenido Vocabulario

Utilice palabras del glosario en una frase.

a bordo
boleto
estación
supervisor

Después de leer:

Actividad de comprensión y extensión

Después de leer el libro, trabaje en las siguientes preguntas con su hijo o estudiantes para comprobar su nivel de comprensión de lectura y dominio del contenido.

1. *¿Por qué la gente monta en trenes?* (Resuma).
2. *¿Un tren tiene ruedas?* (Haga preguntas).
3. *Si pudieras tomar un tren a algún lugar, ¿a dónde irías?* (Texto para conectar con uno mismo).
4. *¿Qué dice el conductor cuando es tiempo de subir al tren?* (Haga preguntas).

Actividad de extensión

Diferentes tipos de trenes: Hay trenes que hacen otras cosas además de llevar gente. Con la ayuda de un adulto, intenta averiguar lo que hacen esos trenes y qué llevan. Haz una lista de los tipos de trenes y haz un dibujo de ellos. ¿Se ven iguales a un tren de pasajeros? ¿En qué se parecen? ¿En qué se diferencian?

Índice

¡Todos a bordo!

¡Lista para partir!
¿Cómo llegaré?

SCHOOL BUS

¡Ya sé! Tomaré un tren. La estación de trenes está llena de gente.

ÜGOT
NOT IN SERVICE
First
185 129

Nuestro tren entra a la estación. Cuento los vagones. ¡Hay 30!

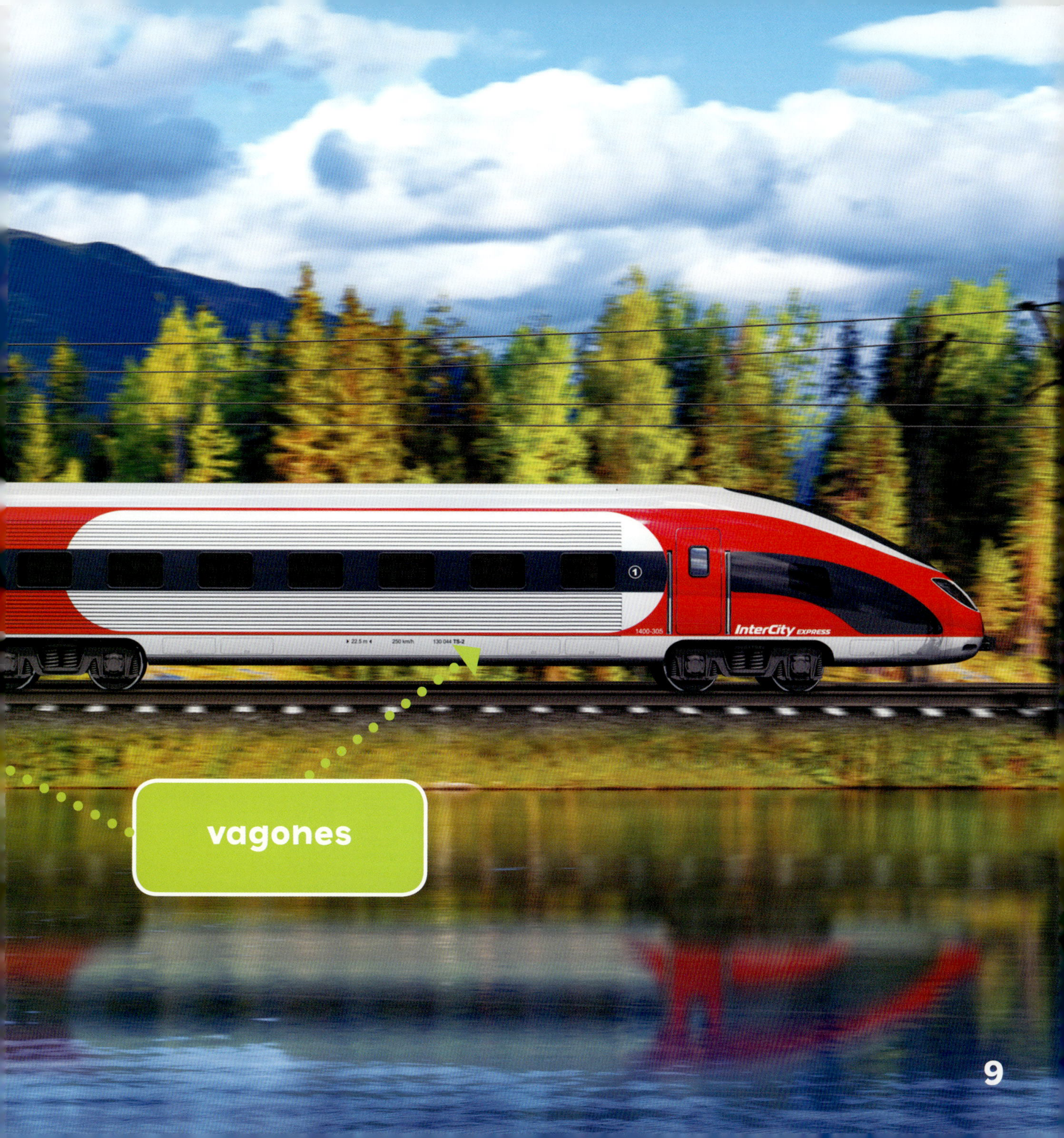
InterCity EXPRESS
vagones

El **supervisor** dice: «¡Todos **a bordo**!». Le doy mi **boleto**.

¡TODOS A BORDO!
welcome
Coachclass
supervisor

Lista para viajar

Subo a bordo.

Elijo un asiento junto a la ventana.

Algunas personas van a su trabajo. ¡Yo no! Voy de compras.

Miro por la ventana. ¡Zas!
Nos estamos moviendo rápido.

Las ruedas del tren se llaman ruedas de guía.
Ayudan al tren a permanecer en la vía.

vía

El tren para.
Las puertas se abren.

puertas

¡Estoy aquí!

Glosario fotográfico

a bordo: dentro de un tren, barco o avión.

boleto: pedazo de papel impreso que te permite entrar a un lugar, como al interior del tren.

estación: un lugar donde se venden boletos para trenes y autobuses.

supervisor: persona que recoge los boletos en un tren.

Índice analítico

Sitios web

http://easyscienceforkids.com (página en inglés)
http://play.thomasandfriends.com/es-la/games (página en español)
http://play-trains.com (página en inglés)

Sobre la autora

Alex Summers disfruta de todas las formas de transporte. Especialmente si la están llevando a sitios en los que nunca ha estado o no ha visto. ¡Le encanta viajar, leer, escribir y soñar con todos los lugares que visitará algún día!

¡Conoce a la autora! (Página en inglés). www.meetREMauthors.com

Library of Congress PCN Data

Tren / Alex Summers
(¡El transporte y yo!)
ISBN 978-1-64156-006-1 (soft cover - spanish)
ISBN 978-1-64156-087-0 (e-Book - spanish)
ISBN 978-1-68342-163-4 (hard cover)
ISBN 978-1-68342-205-1 (soft cover)
ISBN 978-1-68342-232-7 (e-Book)
Library of Congress Control Number: 2016956592

Rourke Educational Media
Printed in China, Printplus Limited,
Guangdong Province

www.rourkeeducationalmedia.com

Editado por: Keli Sipperley
Diseño de tapa por: Tara Raymo
Diseño de interiores por: Rhea Magaro-Wallace
Traducción: Santiago Ochoa
Edición en español: Base Tres
Photo Credits: Cover © IKlein; page 5 © Andresimaging, scanrail, eyeware, Gugurat; page 6 © David Graham86; page 9 © scanrail; page 11 © AmericanSpirit; page 12, 20 © DenBoma; page 15 © Monkey Business Images; page 16 © Maria Pavola; page 18 © Karinclaus; page 22 © Andresimaging